STAMPLEY

Edita C4C International, 2002, Bélgica
para C.D. Stampley Enterprises, Inc.
Charlotte, NC, USA
Email: info@stampley.com
Impreso en Dubai (E.A.U.) - 2003

ISBN 1-58087-063-5

MI PRIMER
LIBRO DE PALABRAS

Ilustrado por VAN GOOL

STAMPLEY

En la pradera

Mientras su madre come, Bambi juega en la pradera. Piensa que ha encontrado una flor muy bonita, pero es una mariposa. Bambi se sorprende mucho cuando ve que ¡la flor se va volando!

la urraca

magpie · *mágpai*

la golondrina

swallow · *suálou*

el mirlo

blackbird · *blácberd*

la hierba

grass · *gras*

el trébol

clover · *clóuver*

el cardo

thistle · *zisl*

el caracol

snail · *snéil*

la libélula

dragonfly · *drágonfláі*

la lombriz

worm · *uérm*

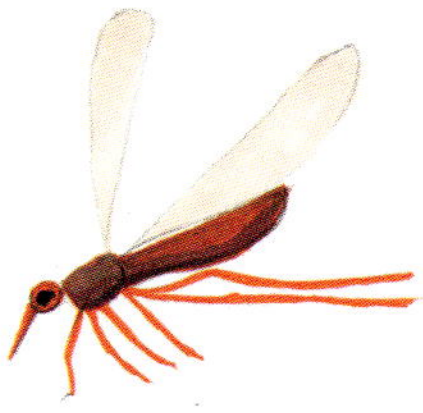

el mosquito

mosquito · *mosquito*

la avispa

wasp · *uásp*

la hormiga

ant · *ant*

la catarina

ladybug · *léidibog*

la oruga

caterpillar · *cáterpílar*

la mariposa

butterfly · *bóterflái*

el saltamontes

grasshopper · *grásjoper*

el ratón de campo

field mouse · *fild máus*

la tortuga

tortoise · *tórtus*

el topo

mole · *móul*

el sapo

toud · *tóud*

En la granja

Jack y su madre son muy pobres. Su madre manda a Jack al pueblo a vender su vaca, pero, en vez de venderla, la cambia por unos frijoles mágicos. ¡Muy pronto Jack y su madre serán ricos!

el tractor

tractor · *tráctor*

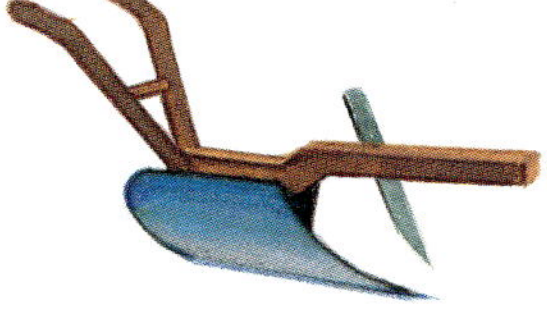

el arado

plough · *pláu*

la segadora

harvester · *járvester*

la carreta

cart · *cart*

el montón de heno

haystack · *jéistac*

el maíz

corn · *corn*

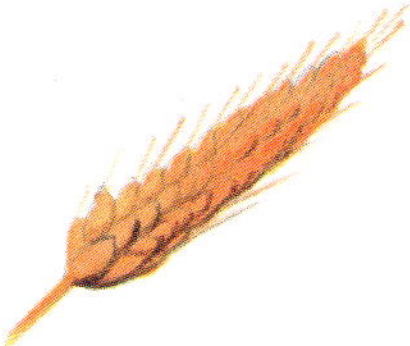
el trigo

wheat · *júit*

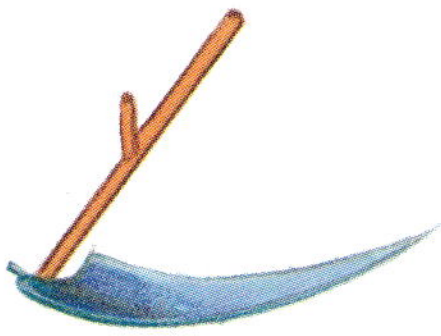
la guadaña

scythe · *záiz*

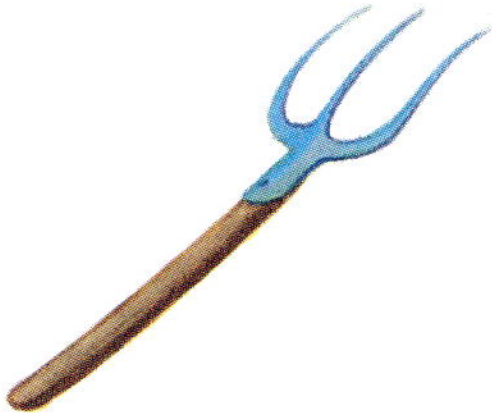
la horquilla

pitchfork · *pítchfork*

el establo

barn · *barn*

la escalera

ladder · *láder*

el comedero

trough · *troz*

la cerca

fence · *fenz*

el pozo

well · *uél*

el barril

barrel · *bárel*

el seto

hedge · *jédch*

el espantapájaros

scarecrow · *skércrou*

la pajarera

bird house · *berd jáus*

¡Cuando crezca, Jack será granjero, como su papá!

Los animales domésticos

¡Pobre Patito Feo! No les gusta a sus hermanos y todos los animales de la granja se burlan de él. Muy triste, el Patito Feo se escapa de la granja para encontrar a su familia verdadera.

el toro

bull · *bul*

la vaca

cow · *cáu*

el ternero

calf · *caf*

el cerdo

pig · *pig*

la oveja

sheep · *ship*

el cordero

lamb · *lam*

la cabra

goat · *góut*

el burro

donkey · *dónki*

el caballo

horse · *jórs*

el potro

foal · *fóul*

el conejo

rabbit · *rábit*

el gato

cat · *cat*

el perro

dog · *dog*

el pavo

turkey · *térki*

el cisne

swan · *suán*

el pato

duck · *doc*

el patito

duckling · *dóklin*

la oca

goose · *gus*

el gallo

rooster · *rúster*

la gallina

hen · *jen*

el pollito

chick · *chic*

las abejas

bees · *bis*

En el bosque

Caperucita Roja tiene que llevar comida a su abuelita.
La cabaña de ésta está al otro lado de un bosque muy oscuro.
Pero Caperucita no tiene miedo, ella siempre disfruta este paseo.

el árbol

tree · *tri*

el matorral

bush · *bush*

la hoja

leaf · *lif*

el tocón

stump · *stomp*

la rama

branch · *branch*

el nido

nest · *nest*

el hongo

toadstool · *tóudstul*

el musgo

moss · *mos*

el helecho

fern · *fern*

la ortiga

nettle · *nétl*

la avellana

hazelnut · *jéizelnot*

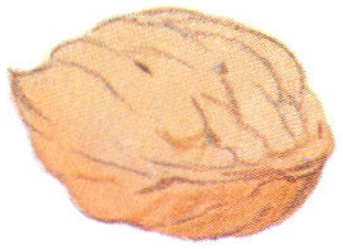

la nuez

walnut · *uálnot*

la bellota

acorn · *éicorn*

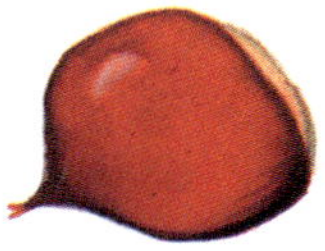

la castaña

chestnut · *chéstnot*

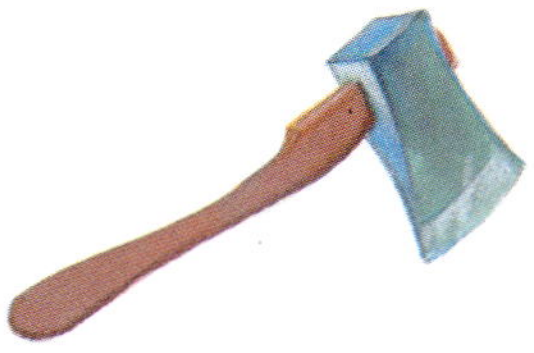

el hacha

axe · *aks*

el acebo

holly · *jóli*

el muérdago

mistletoe · *misltóu*

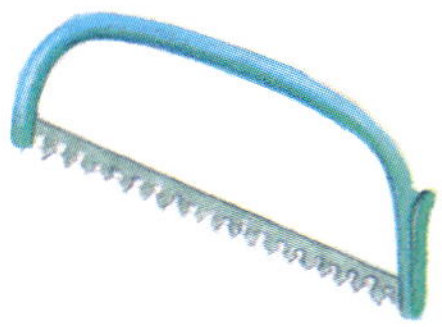

la sierra

saw · *soo*

la sierra mecánica

chain saw · *chéin soo*

En el bosque, Caperucita recoge un alegre ramo de flores para su abuelita.

Los animales del bosque

Blanca Nieves huye del castillo porque la malvada reina la quiere matar. Cuando los animales del bosque ven que está perdida, la dirigen hacia la casa de los siete enanitos.

el ciervo

deer · *díer*

el jabalí

wild boar · *uáild bóar*

el oso

bear · *béar*

el lobo

wolf · *wolf*

el zorro

fox · *fox*

la marta

marten · *márten*

la liebre

hare · *jéar*

la comadreja

weasel · *wísl*

la nutria

otter · *óter*

el tejón

badger · *bádyer*

el castor

beaver · *bíver*

la ardilla

squirrel · *scuérl*

la serpiente

snake · *snéik*

el búho

owl · *ául*

el faisán

pheasant · *fésant*

el petirrojo

robin · *róbin*

la perdiz

partridge · *pártridch*

el pájaro carpintero

woodpecker · *wúdpeker*

el martín pescador

kingfisher · *kíngfisher*

En la montaña

Pedro y su abuelo viven en una cabaña al pie de las montañas. Un día el lobo sale del profundo bosque. ¡Tiene tanta hambre que intenta comerse al pobre pato!

la montaña

mountain · *máuntan*

el abeto

fir tree · *fer tri*

la cabaña

cabin · *cábin*

el muñeco de nieve

snowman · *snóuman*

los equíes

skis · *skis*

el trineo

sled · *sled*

el teleférico

cable car · *kéibl car*

la roca

rock · *rock*

la cascada

waterfall · *uóterfol*

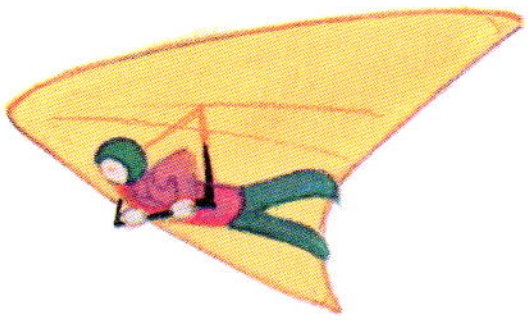

el planeador

hang glider · *jang gláider*

la tienda de campaña

tent · *tent*

el saco de dormir

sleeping bag · *slíping bag*

los prismáticos

binoculars · *binoquiulars*

la cantimplora

canteen · *cantíin*

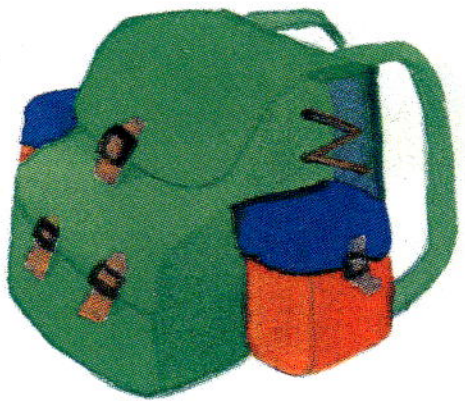

la mochila

backpack · *backpack*

la cuerda

rope · *róup*

el pico

pick axe · *pic ax*

la gamuza

chamois · *shámi*

la marmota

groundhog · *gráundjog*

el águila

eagle · *ígl*

el lince

lynx · *lynx*

En la playa

El bote de Gulliver ha naufragado y él nada hasta la orilla para salvarse. Mientras duerme, los pequeños liliputienses lo amarran y lo toman prisionero.

la sombrilla

umbrella · *ombréla*

las gafas de sol

sunglasses · *sónglases*

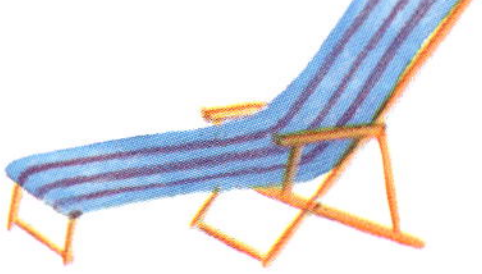

la tumbona

deckchair · *déckcher*

la palmera

palm tree · *palm tri*

la red

net · *net*

la pala

shovel · *shóvel*

la cubeta

bucket · *bóket*

el castillo de arena

sand castle · *sand casl*

el alga

seaweed · *síuíd*

el flotador

rubber ring · *róber ring*

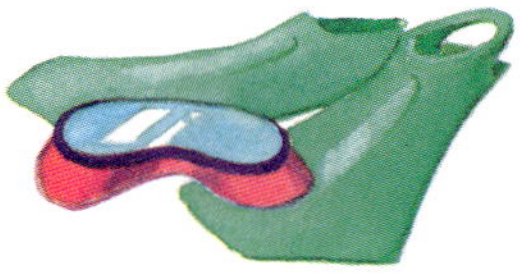

el equipo de buceo

diving gear · *dáiving gíer*

la tabla de surf

surfboard · *sérfbóard*

la tabla de vela

windsurfer · *uíndsérfer*

el bote neúmatico

dinghy · *díngui*

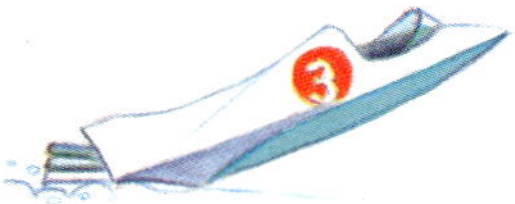

la lancha motora

speedboat · *spídbóut*

el velero

sailboat · *séilbóut*

el barco pesquero

fishing boat · *físhing bóut*

el trasatlántico

ocean liner · *óshean láiner*

la isla

island · *áiland*

Los animales marinos

La Sirenita y sus hermanas viven en el fondo del mar. Sus hermanas viven contentas. Pero la Sirenita sueña con la vida más allá de las olas, en tierra.

la ballena

whale · *juéil*

el delfín

dolphin · *dólfin*

la raya

ray · *rey*

el pez espada

swordfish · *suórdfish*

el tiburón

shark · *shark*

el pulpo

octopus · *óctapus*

el caballito de mar

seahorse · *síjors*

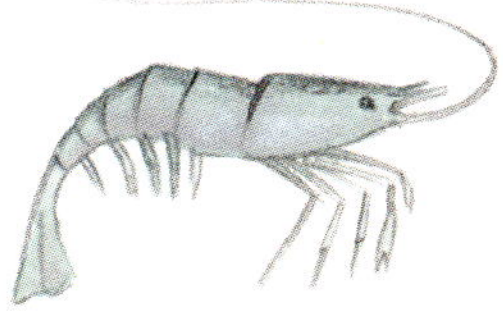
el camarón

shrimp · *shrimp*

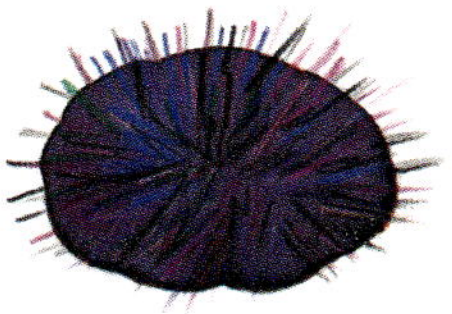
el erizo de mar

sea urchin · *si érchin*

la langosta

lobster · *lóbster*

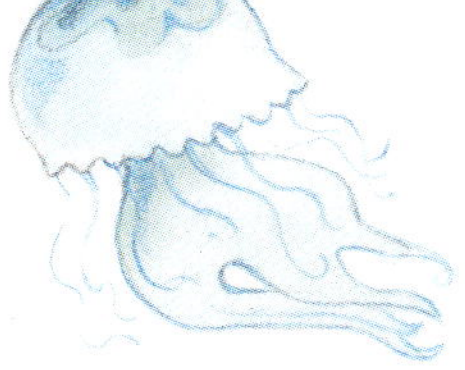
la medusa

jellyfish · *yélifish*

la
estrella de mar

starfish · *stárfish*

el coral

coral · *córal*

la gaviota

seagull · *sígol*

el albatros

albatross · *álbatros*

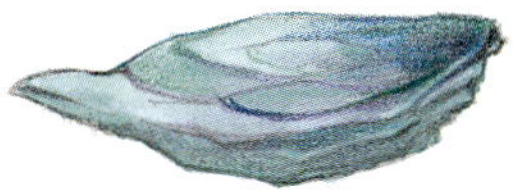

la ostra

oyster · *óister*

la vieira

scallop · *scálop*

el mejillón

mussel · *mósel*

el cangrejo

crab · *crab*

Los viajes

En el país de Aladino la mayoría de la gente viaja en camello. El viaje a lomos de camello es muy lento. Pero Aladino conoce a un genio mágico que le lleva volando a donde quiera viajar.

el coche

car · *car*

el camión

truck · *troc*

la moto

motorbike · *mótorbáik*

el avión

airplane · *éirpléin*

el tren

train · *tréin*

la locomotora

engine · *énchin*

el vagón

passenger car · *pásenyer car*

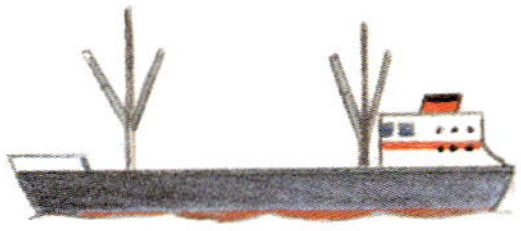

el carguero

freighter · *fréiter*

el helicóptero

helicopter · *jelicópter*

la señal

road sign · *róud sáin*

la caravana

camper · *cámper*

la maleta

suitcase · *sútquéis*

el remolque

trailer · *tréiler*

la bolsa de viaje

travel bag · *travel bag*

el surtidor de gasolina

gas pump · *gas pomp*

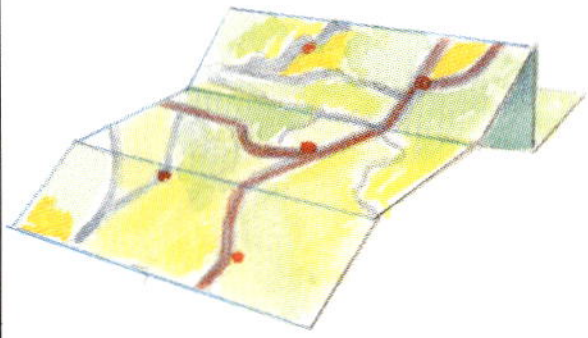

el mapa

map · *map*

la cámara fotográfica

camera · *cámera*

la cámara de video

video cam · *vídeo cám*

En la ciudad

Alí Babá ayuda al ciego a cruzar la calle. Agradecido, el anciano le advierte que los cuarenta ladrones saben que él les ha robado su tesoro.

la casa

house · *jáus*

el edificio

office building · *ófis bílding*

la fábrica

factory · *fáctori*

la tienda

shop · *shop*

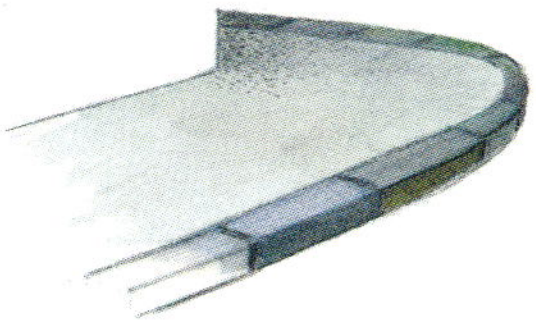

la acera

sidewalk · *sáiduók*

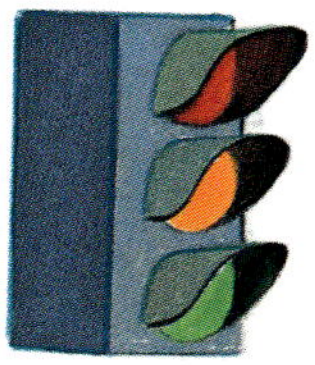

el semáforo

traffic light · *tráfic láit*

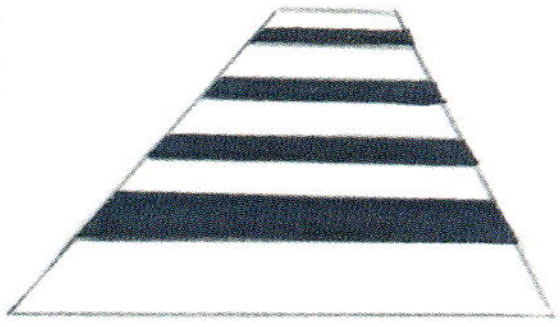

el paso de peatones

crosswalk · *crósuók*

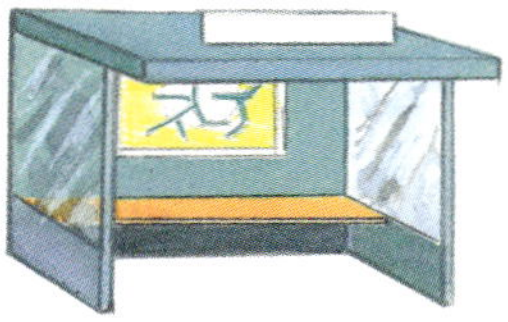

la parada
de autobús

bus stop · *bos stop*

el autobús

bus · *bos*

el tranvía

street car · *strit car*

el taxi

taxi · *taxi*

la ambulancia

ambulance · *ámbiulans*

el coche
de bomberos

fire truck · *fáier truck*

la grúa

crane · *créin*

el parquímetro

parking meter · *párkin míter*

la cabina
telefónica

phone booth · *fóun buz*

el buzón

mail box · *méil box*

la banca

bench · *bench*

el cartel

poster · *póuster*

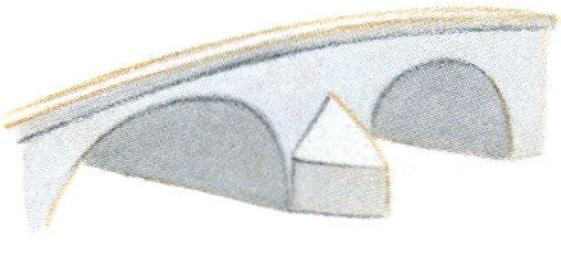

el puente

bridge · *bridch*

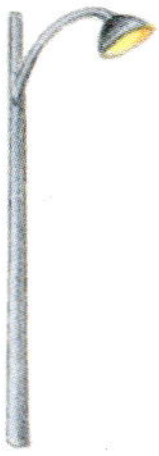

la farola

street lamp · *strit lamp*

el balcón

balcony · *bálcony*

la chimenea

chimney · *chímni*

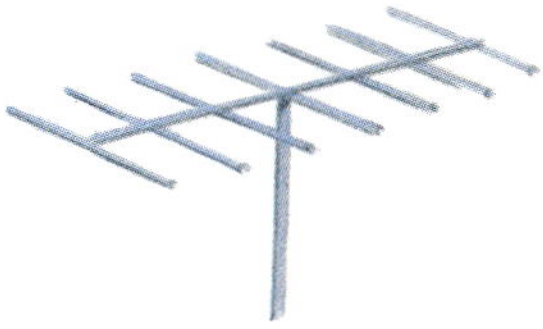

la antena

antenna · *antena*

El baile y la música

Cenicienta baila contenta con el apuesto príncipe. ¡De pronto, el reloj toca la medianoche! Cenicienta debe apurarse y regresar a casa, antes que su elegante coche se convierta en una calabaza.

la
malla de danza

leotard · *líotard*

las zapatillas
de danza

ballet shoes · *balé shu:*

el piano

piano · *piano*

el violín

violin · *váiolin*

la flauta

flute · *flut*

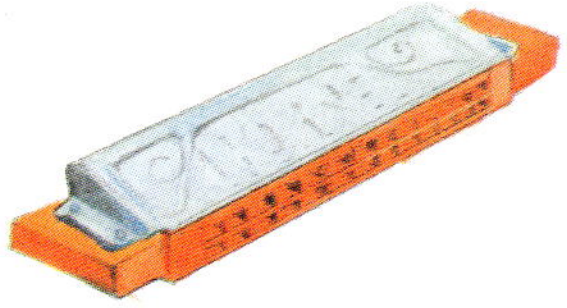

la armónica

harmonica · *jarmónica*

las maracas

maracas · *maracas*

el tambor

drum · *drom*

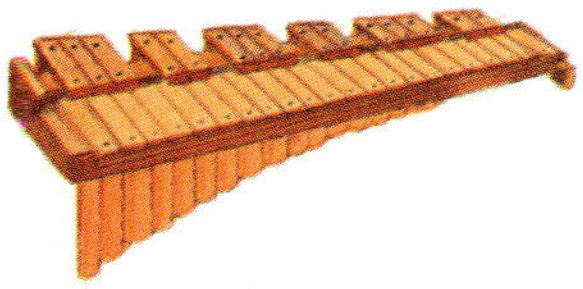

el xilófono

xylophone · *xáilofoun*

el arpa

harp · *jarp*

el violoncelo

cello · *chélo*

el acordeón

accordion · *acórdion*

el clarinete

clarinet · *clarinet*

la guitarra

guitar · *guitár*

los platillos

cymbals · *símbols*

el triángulo

triangle · *tráiangl*

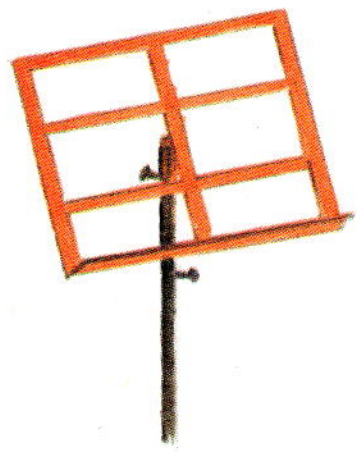

el atril

music stand · *miúsic stand*

la partitura

score · *scór*

los tambores

drums · *droms*

Durante su huida, Cenicienta ha perdido su zapatilla de cristal.

la guitarra eléctrica

electric guitar · *eléctric guitár*

la grabadora

cassette player · *casét pléyer*

el lector de CD

CD player · *sidi pléyer*

En la escuela

Pinocho es un muñeco de madera. A veces es muy travieso y se busca problemas cuando no va a la escuela. Por suerte, el Hada Azul le protege y le ayuda a portarse bien.

la mochila

book bag · *buk bag*

el libro

book · *buk*

la libreta

lesson book · *léson buk*

el cuaderno

notebook · *nóutbuk*

el estuche de lápices

pencil case · *péncil quéis*

el lápiz negro

black pencil · *blak péncil*

la goma

eraser · *iréiser*

los lápices

pencils · *péncils*

el dibujo

drawing · *dróing*

el sacapuntas

sharpener · *shárpner*

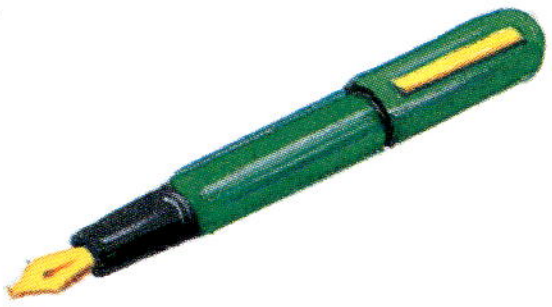

la pluma

fountain pen · *fáuntan pen*

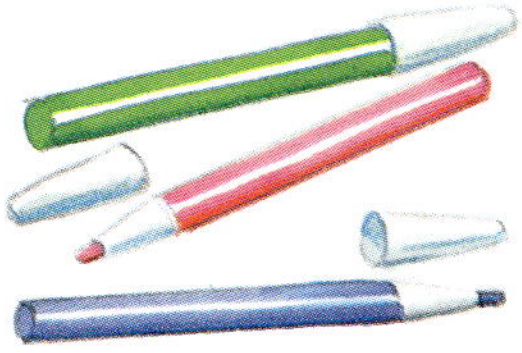

los rotuladores

markers · *márkers*

el papel

paper · *péiper*

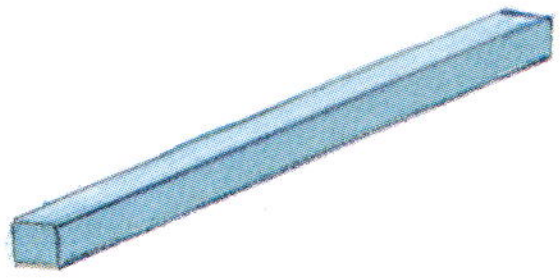

la regla

ruler · *rúler*

el pizarrón

blackboard · *blákbord*

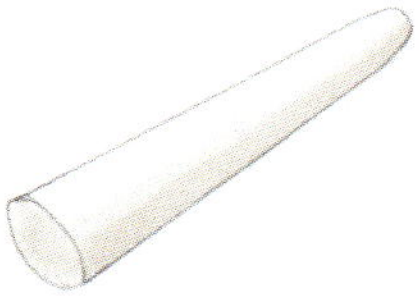

la tiza

chalk · *chok*

las tijeras

scissors · *zísors*

el pegamento

glue · *glu*

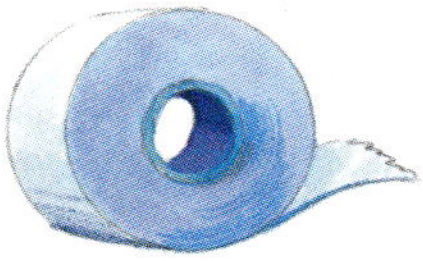

la cinta adherible

cellophane tape · *sélofein téip*

la escuadra

triangle · *tráiangl*

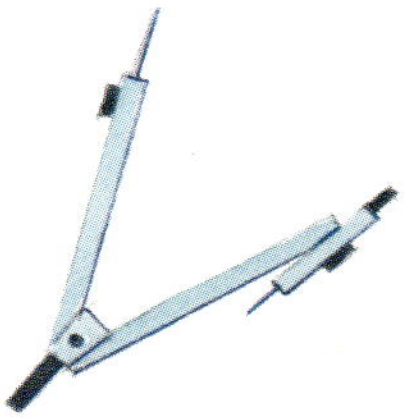

el compás

compass · *cómpas*

la calculadora

calculator · *calquiuléitor*

A jugar

Alicia se divierte mucho en el País de las Maravillas. Usa un flamenco como mazo de croquet y la baraja como arcos. ¡Y mira, la pelota es un puerco espín!

la muñeca

doll · *dol*

los cubos

blocks · *blocs*

el balón

ball · *bol*

el triciclo

tricycle · *tráisicl*

el trompo

top · *top*

las canicas

marbles · *marbls*

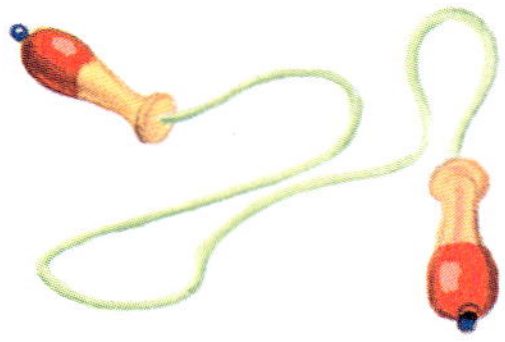

el saltador

jump rope · *yump róup*

los patines

roller skates · *róler squéits*

el oso de peluche

teddy bear · *tédi béar*

el juego de té

tea set · *ti set*

el coche de juguete

toy car · *tói car*

la bicicleta

bicycle · *báisicl*

la marioneta

puppet · *pópet*

el caballo balancín

rocking horse · *rókin jórs*

el tren eléctrico

electric train · *eléctric tréin*

la pelota de tenis

tennis ball · *ténis bol*

la raqueta

racket · *ráquet*

el disfraz

disguise · *disgáis*

la baraja

cards · *cards*

el rompecabezas

puzzle · *pósl*

el juego de mesa

board game · *bord guéim*

La ropa

El emperador está aburrido de su vestuario. Cuando dos malvados se ofrecen a hacerle un magnífico traje nuevo, el emperador les paga mucho dinero. Pero le han engañado.

el vestido

dress · *dres*

el pantalón

trousers · *tráusers*

el suéter

sweater · *suéter*

la camisa

shirt · *shert*

la falda

skirt · *squert*

el overol

overalls · *óverols*

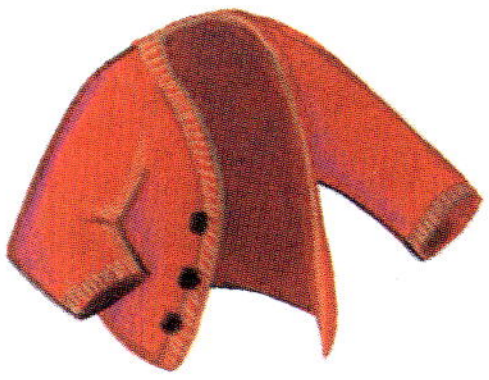
la chaqueta

cardigan · *cárdigan*

el vaquero

jeans · *yins*

el saco

blazer · *bléizer*

la cazadora

jacket · *yáquet*

el impermeable

raincoat · *réincóut*

el abrigo

coat · *cóut*

el traje deportivo

track suit · *trac sut*

el pantalón corto

shorts · *shorts*

la camiseta

undershirt · *óndershert*

la playera

T-shirt · *ti-shert*

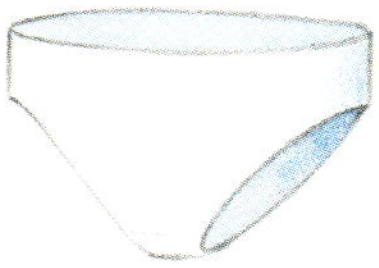
las bragas

underpants · *ónderpants*

los calzoncillos

boxers · *bóxers*

los calcetines

socks · *socs*

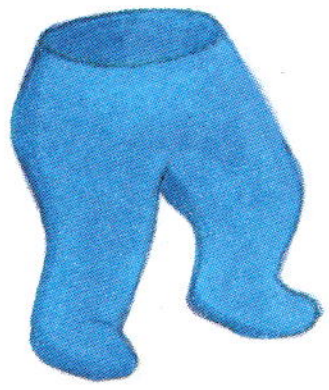
los leotardos

tights · *táits*

Los accesorios

El hijo del molinero es muy pobre. Su gato, el Gato con Botas, visita el palacio del rey. ¡Tan elegante es la ropa del Gato con Botas que todos piensan que su amo es un marqués!

la bufanda

scarf · *scarf*

las manoplas

mittens · *mítens*

los guantes

gloves · *glovs*

el gorro tejido

knit cap · *nit cap*

el sombrero

hat · *jat*

la gorra

cap · *cap*

la corbata

tie · *tái*

la pajarita

bow tie · *bóu tái*

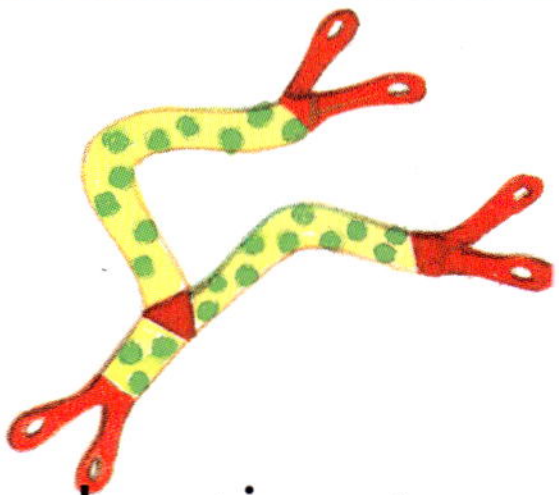

los tirantes

suspenders · *suspénders*

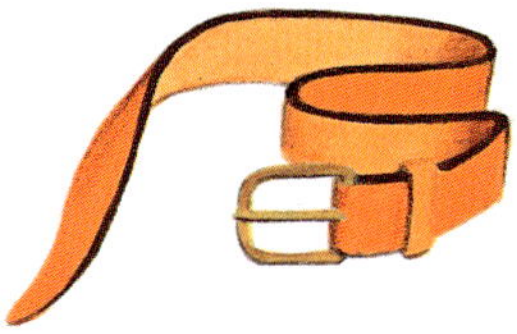

el cinturón

belt · *belt*

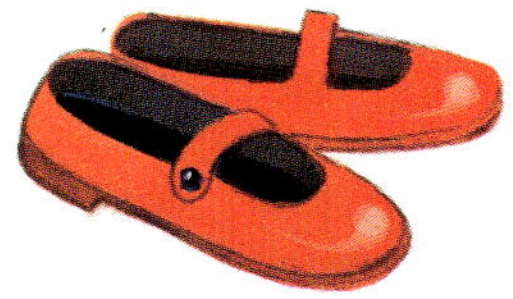

los zapatos

shoes · *shus*

los tenis

sports shoes · *sports shus*

las sandalias

sandals · *sándals*

los zapatos de tacón

dress shoes · *dres shus*

la bolsa

handbag · *jándbag*

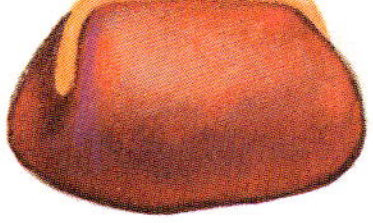

el monedero

purse · *pers*

el paraguas

umbrella · *ombréla*

las botas

boots · *buts*

En la habitación

¡La pobre princesa no puede dormir porque hay "algo muy molesto" en su cama! Todos quedan asombrados cuando descubren que lo que le impide dormir es un guisante.

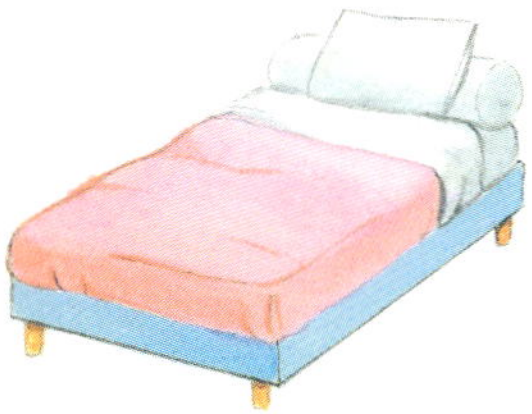

la cama

bed · *bed*

el colchón

mattress · *mátres*

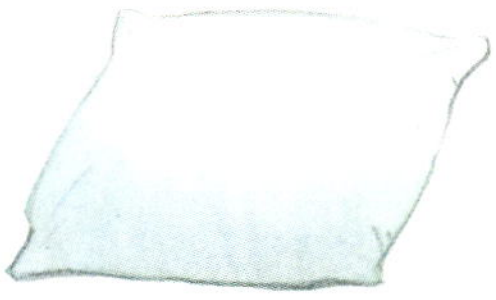

la almohada

pillow · *pílou*

el cojín

bolster · *bóulster*

la frazada

blanket · *blánquet*

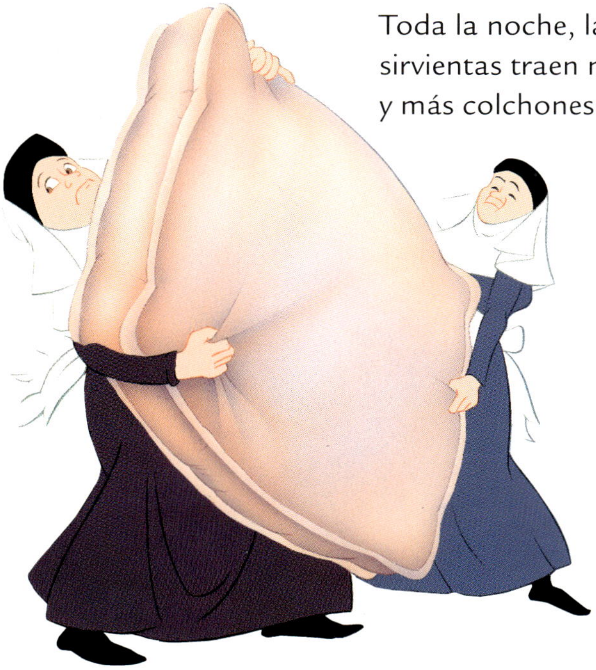

Toda la noche, las sirvientas traen más y más colchones.

la sábana

sheet · *shiit*

la alfombra

rug · *rog*

la bolsa de agua caliente

hot water bag · *jot uóter bag*

el ropero

wardrobe · *uárdróub*

la cómoda

dresser · *dréser*

el buró

night table · *náit téibl*

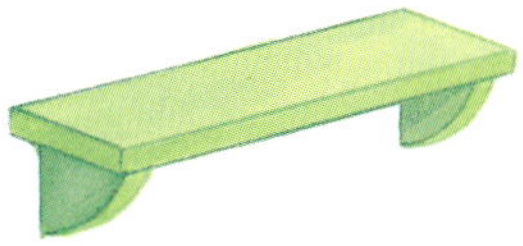

la repisa

shelf · *shelf*

la lámpara

lamp · *lamp*

el despertador

alarm clock · *alárm cloc*

el marco

frame · *fréim*

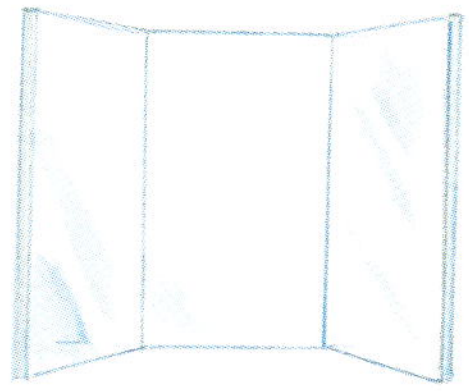

el espejo

mirror · *mírour*

el camisón

nightgown · *náit gáun*

el pijama

pajamas · *payamas*

la bata

robe · *róub*

las pantuflas

slippers · *slípers*

En el salón

Ricitos de Oro explora la casa de los Tres Osos. Salta sobre todos los sillones de la sala para encontrar el más cómodo.

el sofá

sofa · *sóufa*

la mesa baja

coffee table · *cófi téibl*

el sillón

armchair · *ármcher*

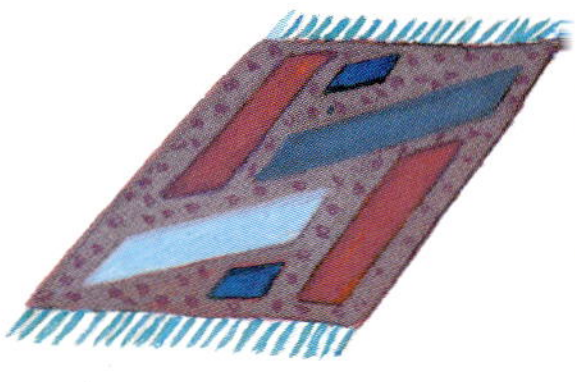

la alfombra

carpet · *cárpet*

el cojín

cushion · *cúshon*

la lámpara

floor lamp · *flor lamp*

el televisor

television · *televíshon*

el librero

bookcase · *bukquéis*

el cesto de papeles

wastebasket · *uéist básket*

el teléfono

telephone · *télefoun*

la planta

plant · *plant*

el cuadro

painting · *péintin*

el jarrón

vase · *véis*

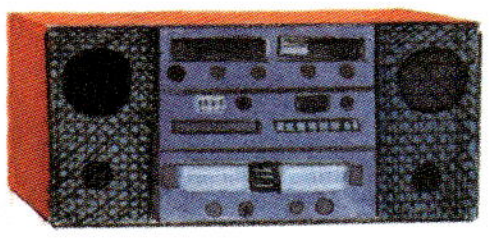

el estéreo

stereo · *stéreo*

la chimenea

fireplace · *fáierpléis*

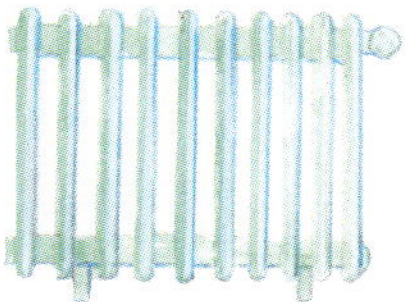

el radiador

radiator · *rédieitor*

Ricitos de Oro nunca debía haber saltado tan fuerte sobre la silla más pequeña. ¡El osito se molestará mucho!

la escalera

stairs · *stérs*

las cortinas

curtains · *quértans*

la ventana

window · *uíndou*

las persianas

shutters · *shóters*

la puerta

door · *dor*

En el comedor

Cuando Bella baja para cenar, una mesa con exquisitos manjares la está esperando. Pero de repente aparece la Bestia. Es tan fea que Bella se asusta.

la silla

chair · *chér*

la mesa

table · *téibl*

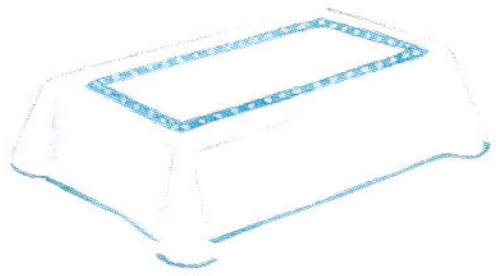

el mantel

tablecloth · *téiblcloz*

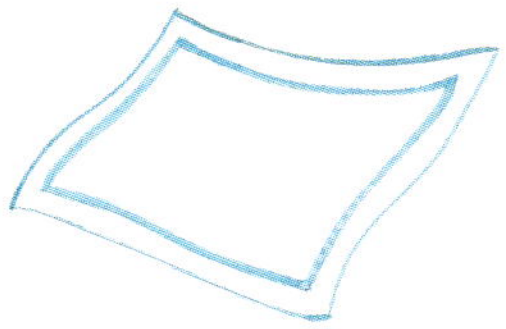

la servilleta

napkin · *nápkin*

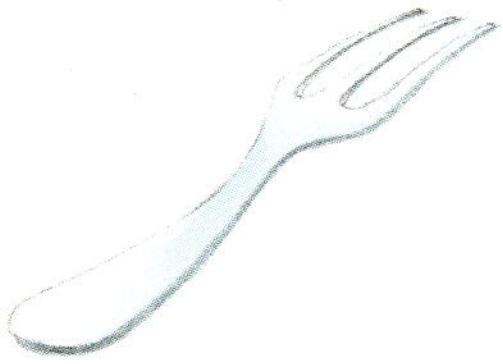

el tenedor

fork · *fork*

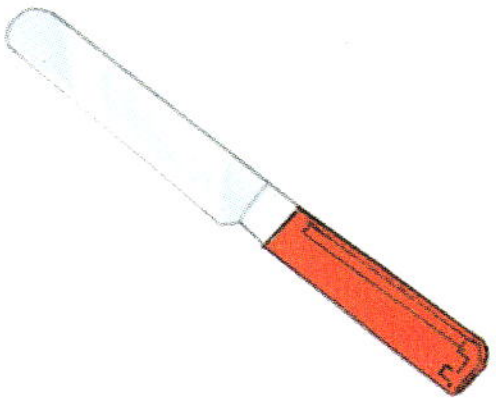

el cuchillo

knife · *náif*

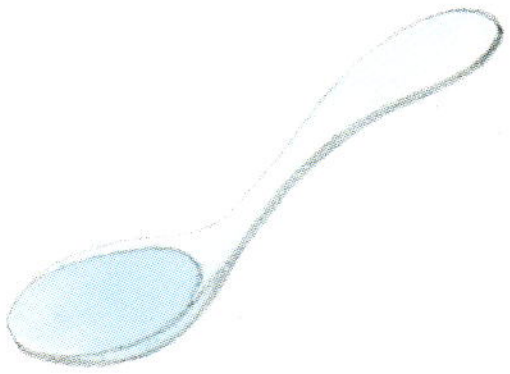

la cuchara

spoon · *spun*

Un servidor alado conduce a Bella hasta la mesa suntuosamente preparada: “Mi amo no tardará. ¡Sentaos, por favor!”

el plato

plate · *pléit*

la copa

glass · *glas*

la garrafa

decanter · *dicánter*

la botella

bottle · *bótl*

la fuente

dish · *dish*

la sopera

tureen · *turín*

la cesta

basket · *básket*

la sal

salt · *salt*

la pimienta

pepper · *péper*

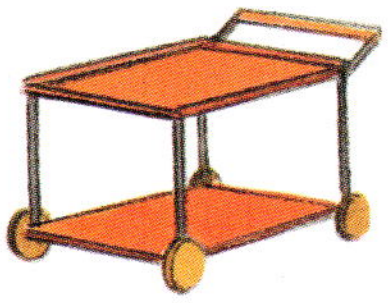

el carrito de té

tea cart · *ti cart*

el aparador

sideboard · *sáidbord*

En el baño

El hijo del molinero está temblando. "El río es mucho más frío que mi tina," piensa. Pero se queda en el agua porque el Gato con Botas le ha dicho que espere hasta que pase el carruaje del rey.

la tina

tub · *tob*

la alfombrilla de baño

bathmat · *bázmat*

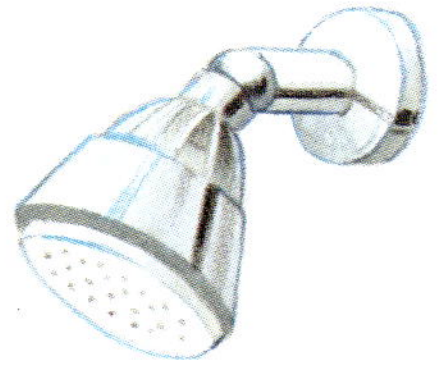

la ducha

shower · *sháuer*

la toalla

towel · *táuel*

el guante de baño

bathmit · *bázmit*

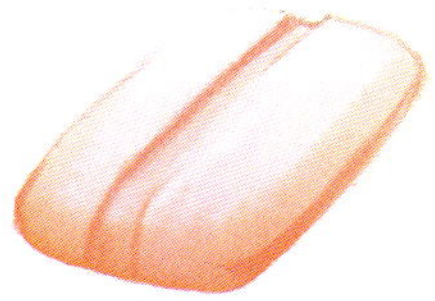

el jabón

soap · *sóup*

el champú

shampoo · *shampú*

el lavabo

washbasin · *úashbéisin*

el inodoro

toilet · *tóilet*

la báscula

scales · *squéils*

"¡Socorro!," grita el Gato con Botas, "mi amo, el Marqués de Carabás, se ahoga!" Al oír estas palabras el rey hace detener su carruaje e invita al molinero a subir a él. La princesa, al conocerlo, piensa que es muy apuesto. !Será su futuro esposo!

el cepillo de dientes

toothbrush · *túzbrosh*

la pasta de dientes

toothpaste · *túzpéist*

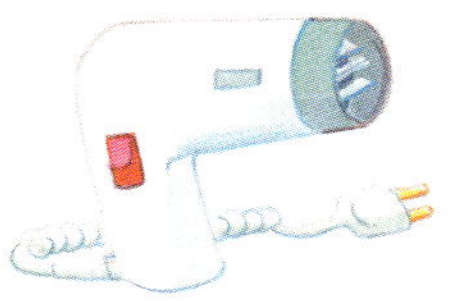

la secadora de pelo

hairdryer · *jérdráier*

el cepillo

hair brush · *jér brosh*

el peine

comb · *cóumb*

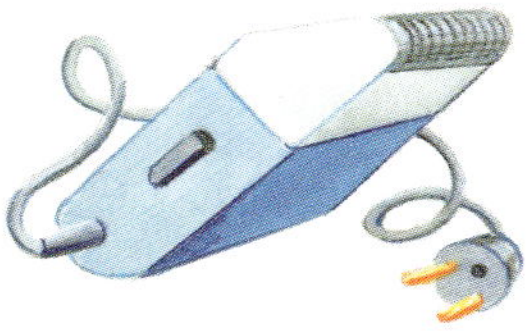

la afeitadora

razor · *réizor*

la bolsa de cosméticos

cosmetic bag · *cosmétic bag*

el perfume

perfume · *pérfium*

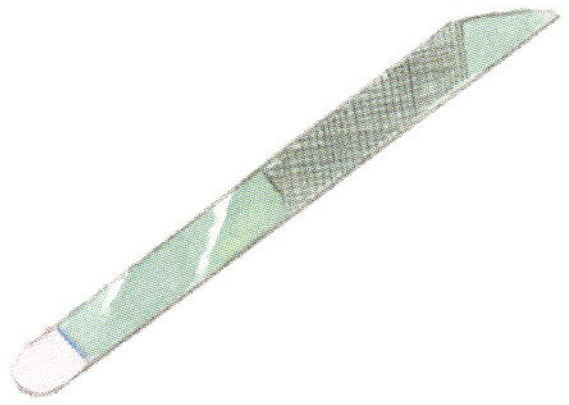

la lima

nail file · *néil fáil*

el esmalte de uñas

nail polish · *néil pólish*

el lápiz labial

lipstick · *lípstick*

En la cocina

Al final del tallo gigante de frijol, Jack ha encontrado un gran castillo. Toca a la puerta y una amable mujer le guía a la cocina. Debe comer rápidamente porque el gigante regresará pronto.

la estufa

stove · *stóuv*

el horno

oven · *óven*

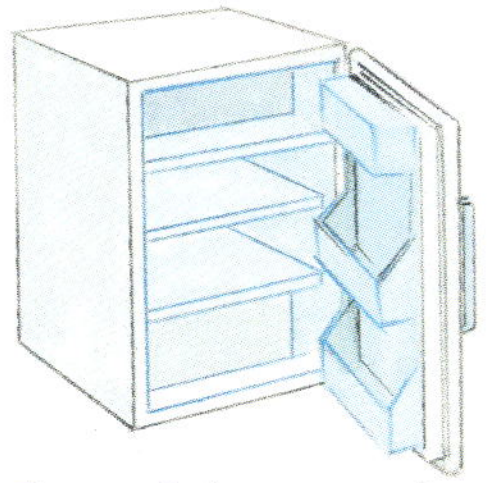

el refrigerador

refrigerator · *refriyeréitor*

el lavaplatos

dishwasher · *dishuásher*

el fregadero

sink · *sink*

el escurridor de platos

drain rack · *dréin rac*

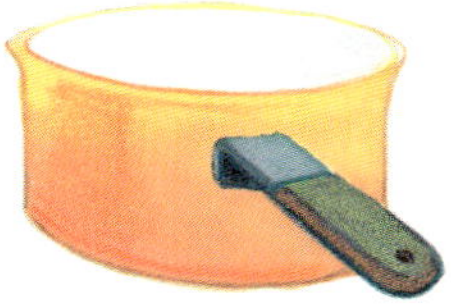

la cazuela

saucepan · *sos pan*

la sartén

frying pan · *fráin pan*

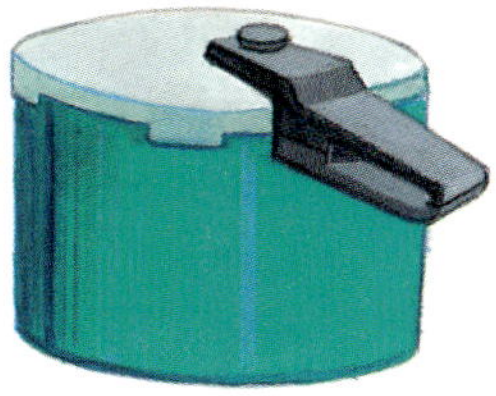

la olla exprés

pressure cooker · *préshur cúquer*

la tetera

tea kettle · *ti quetl*

En casa del gigante
Jack encontró su gallina
que pone huevos de oro.

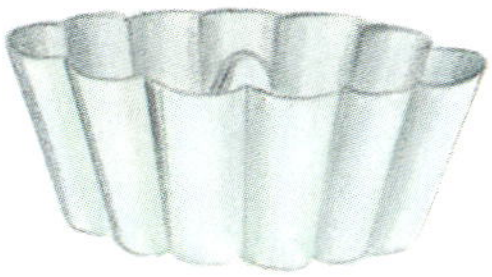

el molde

mold · *móuld*

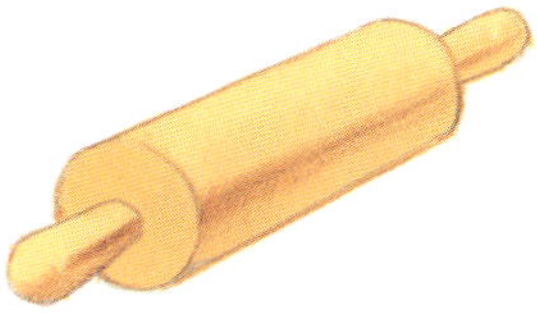

el rodillo

rolling pin · *róling pin*

la batidora

mixer · *míxer*

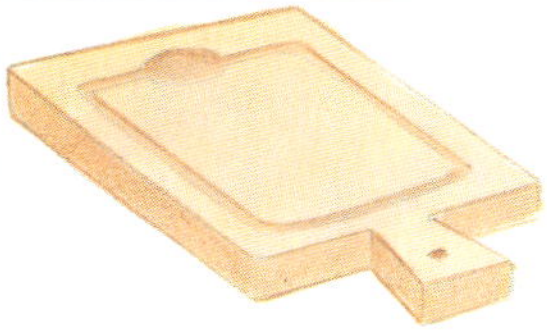

la tabla de cortar

cutting board · *cóting bord*

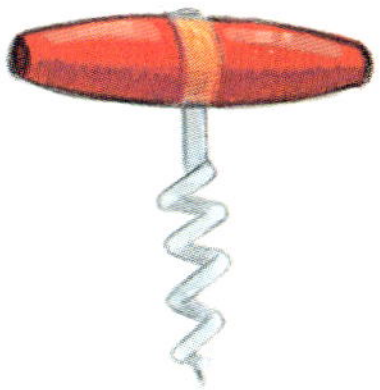

el sacacorchos

corkscrew · *corkscru*

el abrelatas

can opener · *can ópener*

el cazo

ladle · *léidl*

el colador

colander · *cólander*

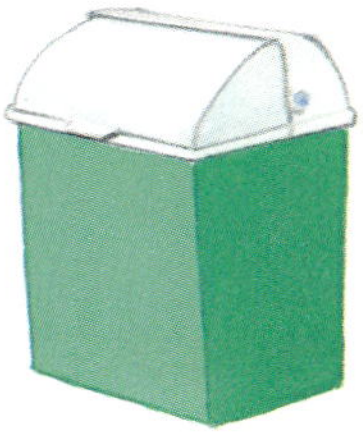

el basurero

trash can · *trash can*

el taburete

stool · *stul*

Los quehaceres

¡Pobre Cenicienta! Mientras sus hermanas se acicalan para el baile en palacio, ella tiene que hacer todo el trabajo de la casa. También la obligan a coser los vestidos que se pondrán y la tratan muy mal.

el delantal

apron · *éipron*

la escoba

broom · *brum*

la aspiradora

vacuum · *váquium*

la esponja

sponge · *sponch*

la cubeta

bucket · *bóquet*

el trapeador

floorcloth · *florcloz*

"¡Cómo me gustaría ir al baile del príncipe, en vez de fregar los pisos!", piensa Cenicienta.

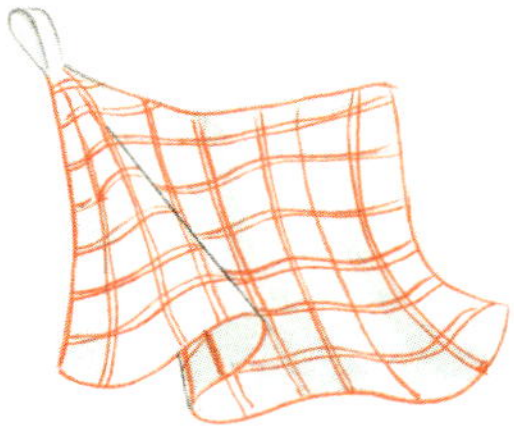
el paño de cocina

dish towel · *dish táuel*

la palangana

washbowl · *uáshbóul*

el trapo

dustcloth · *dóstcloz*

la lavadora

clothes washer · *clóuz uásher*

el detergente

detergent · *ditéryent*

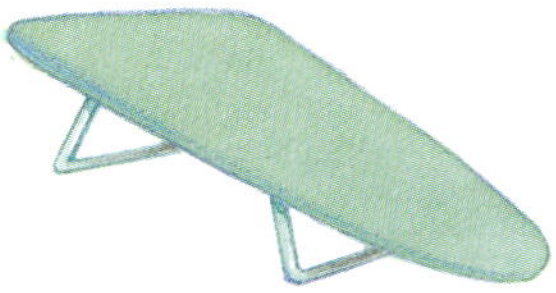

la tabla de planchar

ironing board · *áironin bord*

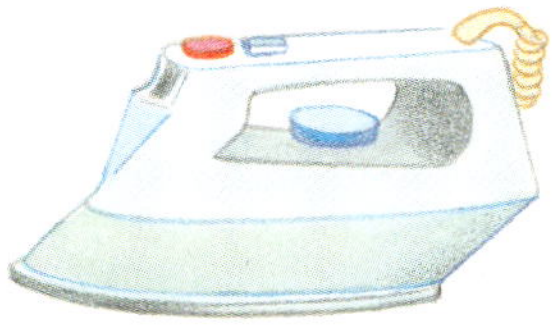

la plancha

iron · *áiron*

la escalera

stepladder · *stepláder*

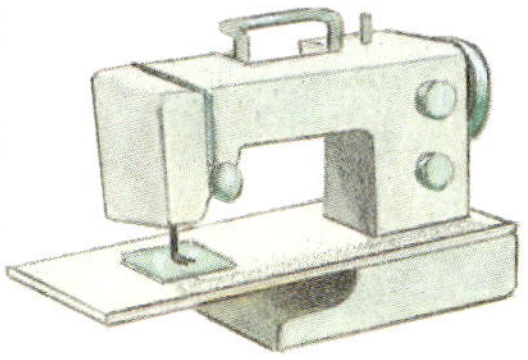

la máquina de coser

sewing machine · *sóin machín*

el hilo

thread · *zred*

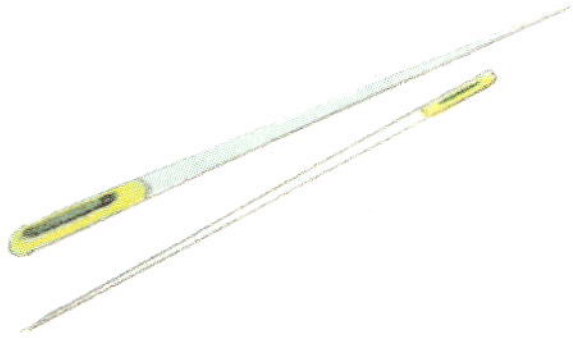

las agujas

needles · *nidls*

el dedal

thimble · *zimbl*

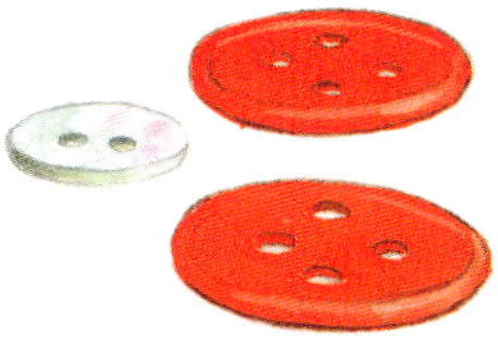

los botones

buttons · *bótons*

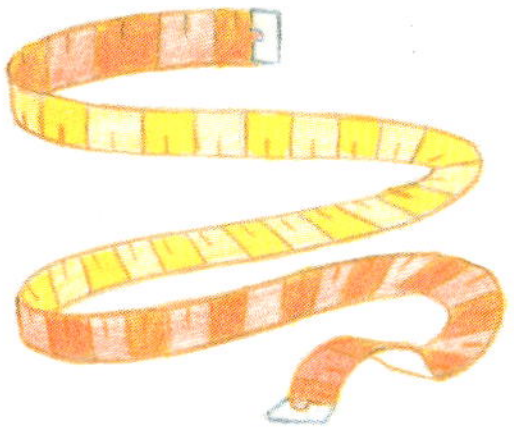

la cinta métrica

tape measure · *téip mésur*

las agujas de tejer

knitting needles · *nítin nidls*

el ovillo de lana

yarn · *yarn*

El desayuno

Los Tres Cerditos han terminado de construir sus casas. El mayor invita a sus hermanos a desayunar. Mientras comen les advierte que deben cuidarse del lobo.

el tazón

bowl · *bóul*

la taza

cup · *cop*

el plato

saucer · *sóser*

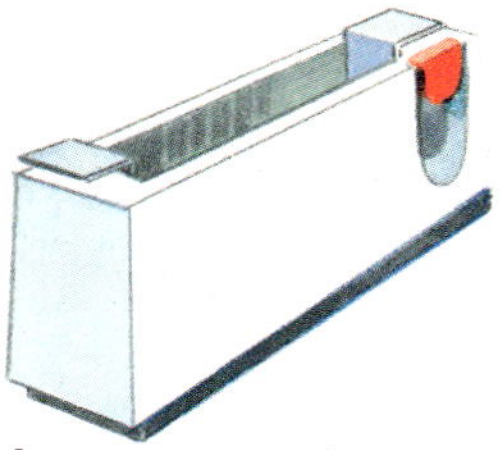

la tostadora

toaster · *tóuster*

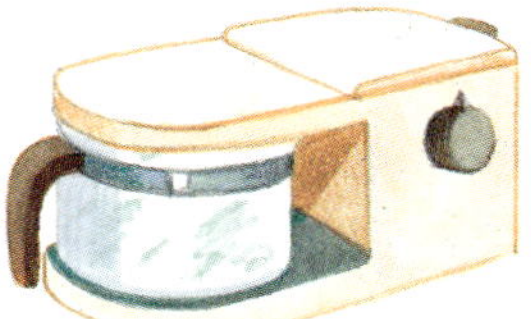

la cafetera eléctrica

coffee maker · *cófi méiquer*

la tetera

teapot · *tipot*

la bolsa de té

tea bag · *ti bag*

el exprimidor

juicer · *yúzer*

el zumo

juice · *yúz*

el pan

bread · *bred*

la tostada

toast · *tóust*

el cuernito

croissant · *croasónt*

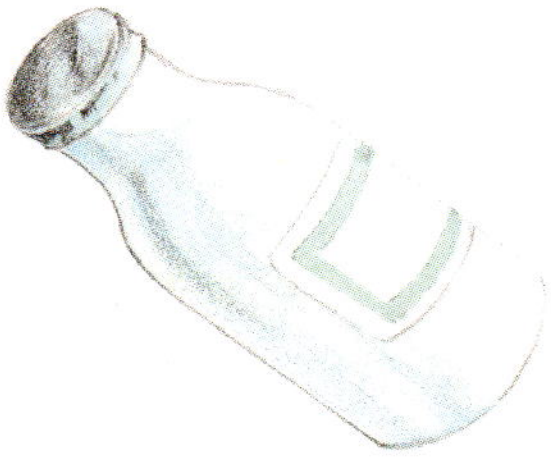

la leche

milk · *milk*

la mantequilla

butter · *bóter*

la mermelada

jam · *yam*

la miel

honey · *jóni*

el cereal

cereal · *sírial*

la bandeja

tray · *tréi*

el azucarero

sugar bowl · *shúgar bóul*

La comida

En el pueblo, Pinocho se encuentra con dos hombres malos. "La escuela es aburrida," le dicen. "¿Por qué no vienes con nosotros a cenar?" Pinocho va con ellos a una posada.

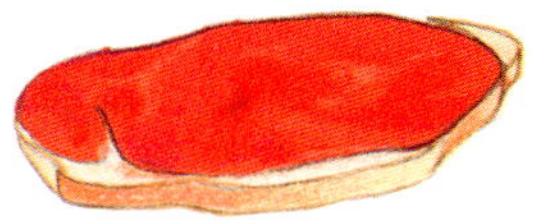
el filete

steak · *stéik*

las papas fritas

french fries · *french fráis*

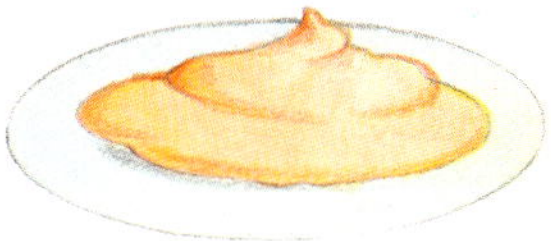
el puré de papas

mashed potatoes · *mashd potéitos*

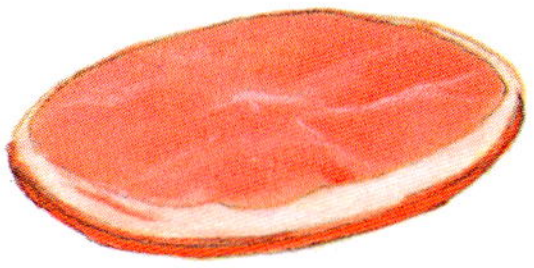
la loncha de jamón

ham slice · *jam sláis*

el arroz

rice · *ráis*

el pollo

chicken · *chíken*

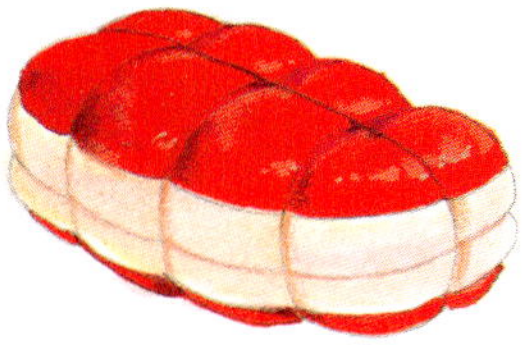
el rosbif

beef roast · *bif róust*

los espaguetis

spaghetti · *spaguéti*

el huevo

egg · *eg*

la salchicha

sausage · *sósach*

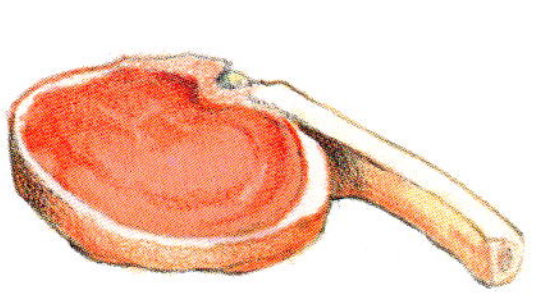

la chuleta

chop · *chop*

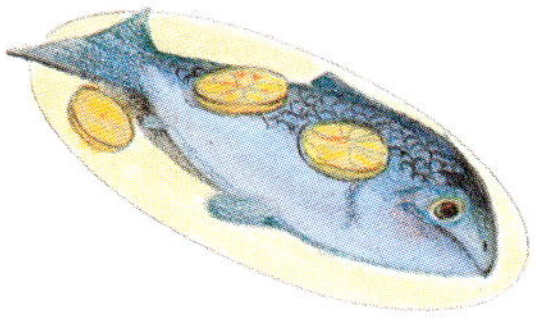

el pescado

fish · *fish*

la pizza

pizza · *pitza*

el sandwich

sandwich · *sándwich*

la quiche

quiche · *quish*

la brocheta

kabab · *quebób*

la hamburguesa

hamburger · *jámberger*

el queso

cheese · *chiz*

la lata

can · *can*

el aceite
y el vinagre

oil and vinegar · *óil and vínegar*

el catsup

ketchup · *quétshup*

Los dulces

Hansel y Gretel han encontrado una casa fabricada de dulces. Una anciana les invita a comer. Los niños aceptan la invitación, pero ¡no saben que es una bruja malvada!

los caramelos

candies · *cándis*

la paleta

ice pop · *áis pop*

el chocolate

chocolate · *chócolat*

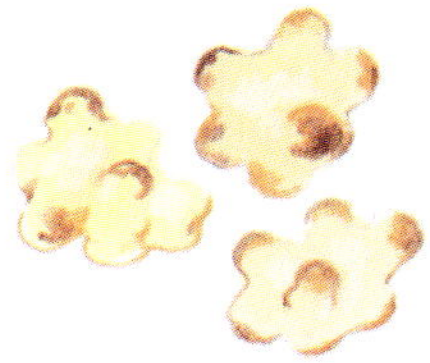

las palomitas

popcorn · *pópcorn*

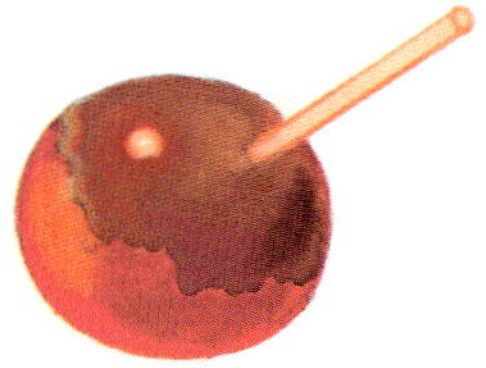
la manzana de caramelo

toffee apple · *tófi apl*

las golosinas

sweets · *suíts*

el chicle

chewing gum · *chúin gom*

el regaliz

licorice · *lícorish*

la crepa

pancake · *pánqueik*

el waffle

waffle · *uáfl*

el helado

ice cream · *áis crim*

la dona

doughnut · *dóunot*

la malteada

milk shake · *milk shéik*

la galleta

cookie · *cúqui*

la tarta de frutas

fruit tart · *frut tart*

el pastel de cumpleaños

birthday cake · *bérzdei quéik*

los pastelitos

cupcakes · *cop quéiks*

la macedonia

fruit salad · *frut sálad*

el yogurt

yoghurt · *yogrt*

La fruta

Aladino sólo tiene que frotar la lámpara mágica para llamar al genio. "Tus deseos son órdenes, mi amo," responde el genio. Aladino le pide frutas de todas partes del mundo.

la manzana

apple · *apl*

la pera

pear · *péar*

el plátano

banana · *banána*

la naranja

orange · *óranch*

las uvas

grapes · *gréips*

la piña

pineapple · *páinapl*

el melocotón

peach · *pich*

la fresa

strawberry · *stróberi*

las frambuesas

raspberries · *ráspberis*

el albaricoque

apricot · *éipricot*

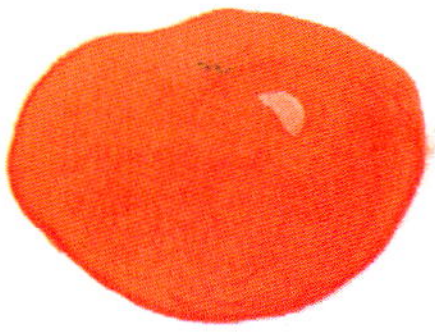

la mandarina

tangerine · *tancherín*

el limón

lemon · *lémon*

el pomelo

grapefruit · *gréipfrut*

el melón

melon · *mélon*

la ciruela

plum · *plom*

las grosellas

currants · *córants*

las cerezas

cherries · *chéris*

el coco

coconut · *cóconot*

el higo

fig · *fig*

Aladino y su madre, maravillados, ven aparecer los magníficos cestos llenos de frutas.

Las verduras

Los padres de los Tres Cerditos son granjeros y plantan hortalizas. Son muy hacendosos y, durante todo el año, tienen muchas verduras frescas para comer.

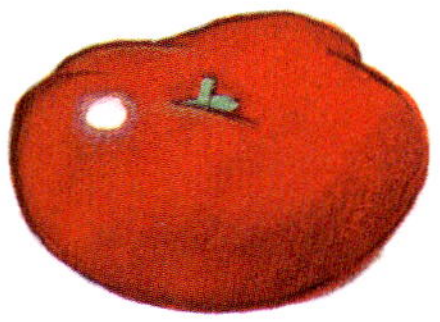

el tomate

tomato · *toméito*

la zanahoria

carrot · *cárot*

las judías verdes

green beans · *grin bins*

el puerro

leek · *lik*

la papa

potato · *potéito*

la lechuga

lettuce · *létus*

los champiñones

mushrooms · *móshrums*

los rábanos

radishes · *rádishes*

los guisantes

peas · *pis*

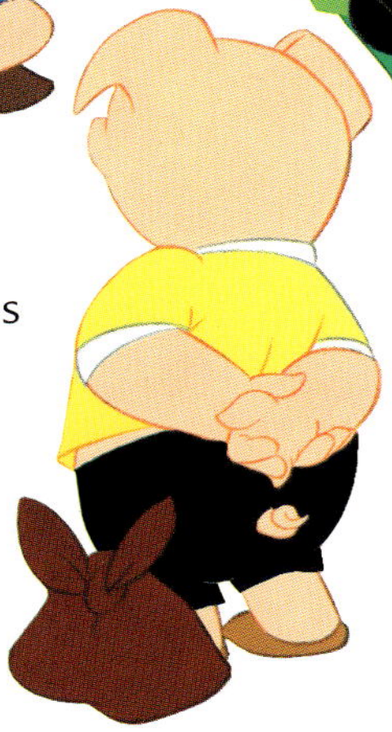

Los Tres Cerditos visitan a sus padres a menudo para disfrutar las ricas ensaladas.

el repollo

cabbage · *cábach*

el pepino

cucumber · *quiucómbr*

la espinaca

spinach · *spínach*

los espárragos

asparagus · *aspárragos*

el aguacate

avocado · *avocádo*

el pimiento

pepper · *péper*

la coliflor

cauliflower · *cólifláuer*

la berenjena

eggplant · *égplant*

la cebolla

onion · *ónion*

la alcachofa

artichoke · *ártichóuk*

la calabaza

pumpkin · *pómpkin*

En el jardín

Una golondrina ha transportado a Pulgarcita a un bello jardín.
Allí conoce al Rey de las Flores, quien
le pide que se case con él.

la rosa

rose · *róus*

la margarita

daisy · *déisi*

la amapola

poppy · *pópi*

el narciso

daffodil · *dáfodil*

las lilas

lilac · *láilac*

el tulipán

tulip · *túlip*

el girasol

sunflower · *sonfláuer*

el lirio

lily · *lily*

el geranio

geranium · *yerénium*

el diente de león

dandelion · *dándelaion*

el arriate

flower bed · *fláuer bed*

la maceta

flowerpot · *fláuerpot*

la regadera

watering can · *uóterin can*

la manguera

hose · *jóus*

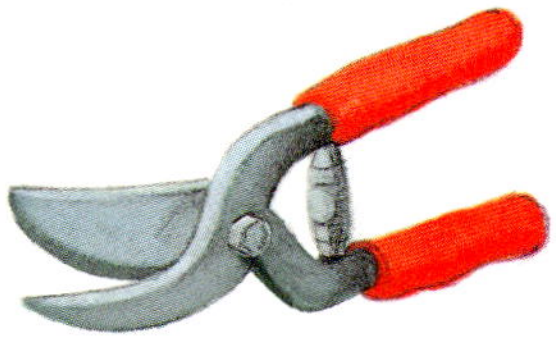

las tijeras de podar

clippers · *clípers*

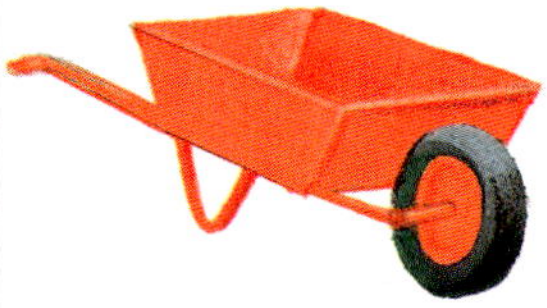

la carretilla

wheelbarrow · *uilbárou*

la cortadora de césped

lawn mower · *lon móuer*

la pala

shovel · *shóvel*

el rastrillo

rake · *réik*

el invernadero

greenhouse · *grinjáus*

ÍNDICE DE PALABRAS